I0177923

www.ingramcontent.com/pod-product-compliance
Lightning Source LLC
Chambersburg PA
CBHW071648040426
42452CB00009B/1801
9781942912422

Tekehay Garm khiaal

Farzaneh Ebrahimian

Title: Tekehay Garm khiaal
Author: Farzaneh Ebrahimian
Editor: Mehran Ebrahimian
Cover Design: Mohamad Ebrahimian
Publisher: Supreme Art, USA
ISBN: 978- 1942912422

2018 © Farzaneh Ebrahimian
All Rights Reserved for the Author

Ringing of phone

- she heard the sharp ringing sound of the phone between sleep and awareness. She saw nothing except darkness. She did not want to wake up. Her body ached and spent.

- I was an agile 10- year old child…

- how much she loved her 10- years old, with a yellow plaid dress that her father bought for her.

- I jumped the spring with my two little childish feet

- she jumped and suddenly fell. Her eyes became dark and her breath stopped.

- the phone rang again…three, four, five times. She tumbled and hoped the ringing ends but it was useless. It was as a great bell sound is in her head and ears and reached to her bones. It was still ringing as if it is going to ring until the end of world.

- she searched with closed hands for plug to draw it out and sleep. The room was semi- dark and curtains were closed. Her mind was confused between morning and evening.

- the pale light outside the room have highlighted the motif of cream colored curtain and the painting of a rural girl who brought her sheep for gazing.

- her face became gray after asthma and this has made her family very upset. After they referred to different doctors and each one of them gave a prescription to her, bronchitis was the more probable reason of it. She should care herself for a while.

- she loved its name and repeated it with joy with herself: bronchitis, bronchitis. He told everyone that she has bronchitis.

Her friend, Malihe, told her: dust on your head, you tell bronchitis as if you received a courage medal; you mad, you are sick;

- yah, but its name is beautiful. It is good to have a disease with a beautiful name; if I had dysentery; how awful! But bronchitis is beautiful somehow; it seems that it is wrapped in the soft towel and now, it is in my hand. Malieh said: you will mature never, girl!

When she told this to her granny, he clapped her hands and said: don't tell it to anyone; no one will marry you. And she laughed at the concerns of her granny.

She picked the phone. Why? She did not know.

Hi Razie! Are you OK? This is Malihe.

She answered with a tired and sleepy voice: hi. I'm OK.

She paused and then said: how are you?

She half- raised and leaned to the wall. She replaced the pillow and pushed her hair away from her face. Her hand has hold the phone.

- how are you? What a surprise!! I has no news from you. Where are you? Where you been keeping yourself?

- her eyelashes were heavy yet.

- I'm OK. Sorry to awake you.

- no matter. I should awake.

She cannot see the clock because it was just above her head.

- what time is it Malihe? It's above my head but I cannot turn my head.

- O lazy! Why do you want to know the time? It's 25!

And laughed.

I' m happy you called.

Her mind and body was neutral yet.

Getting up after a deep sleep is very difficult. I'm yet confused. But I gradually accustom.

Razieh relocated herself a bit.

- how is your little daughter? Your husband? It is strange but I cannot remember when the last time I saw your husband was.

- both of them are OK. Sometimes my girl is restless but all people became restless sometimes. Do you know she is sick? She is sick for a while and did not know.

- who Malihe? Your husband?

- no

- O, my God, your daughter?

- no, they are OK.

- the bad news is that doctors have told she has no time, but…

You know, diseases have not increased but patients have increased; and she is another patient among these patients;

Razieh heard the annoying bark of dog outside. For a moment, she listened to the dog. She tried to listen to Malihe again.

- who Malli?

Sometimes she called her Malli, when she was impatient, restless or lonely.

- her husband has said she would be broken with her sensitive spirit and lost her motivation. It is better that she did not know anything. But I think it is notright.

Razieh focused and said: your are saying nonsense like news reporters. A dogs barks in the alley. I don't know to listen to you or the voice of dog?

And laughed!

Malihe answered: people have many undone works, many works. Many untold words, that left unfinished for the tomorrow. But some tomorros fade today and they never born. What if there was no tomorrow??? Untold words, undone works and lot of regrets…regret!!! How much I hate regret!!! As if I'm riding a car with fast speed and suddenly, hit the wall. Regret is such a thinng. A hard wall and a crushed body under this regret….

- you are philosopher or mad, Malihe?

- I don't know whether philosophers become mad or mad become philosopers. Anyway, the words of nont of them can be understood.

- it is sometimes as if days have so much speed, they pass with high speed and she is unwaare…

Razieh told: God helps her family! How much they suffer!

And in her mind, she was searching for the face of the person malieh described; but it was uselss and perhaps the untimely barking of the dog does not let her to concentrate.

- you are talking about whom Malihe? You are killing me!!

The voice over the wire became weak but she was speaking.

Painkillers are not effective in the last days…

She hardly heard the last words, as if she is talking from a long distance, vague and ambigous; a distance as large as the world.

Until she became silent and she heard nothing.

She put the phone angrily. She was bored. She opened the book in fornt of her. She has encircled some works with green pen. A moment, her eyes turned around the words but she was thinking to Malieh. Suddenly, something sparked in her head;

Malieh was dead!!!

- her old friend and classmate was killed three years before in a terrible car accident. Her husband has some broken bones and her girls some wounds; they were alive but Malihe has died soon and fast.

Thoughts, scenesm people, memoeris and the bark of dog which has become as moan, have created a storm in her hrad. Just at this moment, the door of room was opened. It was her husband with her tea and medicines.

- I heard your coive. To whom you were talking?

Hesam put the tray on the table.

Tea with saffron, as you like!!!

She looked at her husband face. It seems that he is very old and the lines aound her eyes were increases.

Hesam, you gray hairs are more or I think so?? Sorry my dear, but these drugs make me confused sometimes.

No matter, these drugs are temporary. But I think I should borrow your hair colors. which one is good: wine- color or blonde?

Razieh gazed deeply at her husband and remebered the past sweet memories with her husbands. She said:

Are you an angel, Hesam? Tell the truth and I promise not to tell to anyone. I don't think you are human. My dear…and kissed his cheek gently.

Hesam put a sweet look at Razieh and answered: blonde or winr-color??

Then he said: the angle is looking for his green shirt? Where is it?

On the pressboard. Where are you going?

We are going. You have doctor visit at 8: 00 o clock. You do not remember. You should be ready in half an hour. Drink your tea and put on your clothes!

And he went out.

Razieh heard the sound of cabinet door. It ws strange that she is not nearing the dog sound anymore….

She looked at the tea. She felt that the tea became more and more pale each moment.

End

چرخه اش رو میگیره ؛ واقعیت اینکه همه چیز داره روز به روز گرونتر میشه ؛ و ما توی این وانفسای سخت نمیدونیم چیکار کنیم. ؟؟؟واقعیت اینکه. ....

اخخ که چقدر بعضی واقیت ها واقعیند. انقدر که لحظه ای نمیشه ندیدشون. انگار نورافکن دارن. یه نورافکن بزرگ و پرنور؛ همه جا نور واقعی لعنتیشون پخش میشه. حتی موقع خواب از لای پلک چشمت رد میشن و وارد خوابت میشن. نمیزارن خواب طلایی ببینی ؛ نمیزارن خواب رویایی ببینی ؛ نمیزارن خواب ببینی. با این اوصاف فکر کنم کل مردم شهر و کشورم دچار بحران میانسالی بشن..

وقتی ادمها توی شیب سرازیری تند عمرشون مییفتن ؛ شبها وروزها عین برق و باد میگذره و فقط جای پاش باقی میمونه روی صورت و تک تک سلولهاشون.

امروز هوای دلم بدجورگرگ و میشه

پایان

تولد پنجاه سالگیم

امروز پنجاه ساله شدم. درست نیم قرن پیش بدنیا اومدم ؛ باورم نمیشه پنجاه سااااال !!!!! از خودم میپرسم یعنی پیرشدم؟؟؟فکر کردن بهش خیلی سخته. شاید دچار بحران میانسالی شدم. اینکه رقص شعله های شمع رو روی عدد پنجاه کیک تولدت ببینی.گاهی وقتا ادم دلش میخواد واقعیت زندگییش رو نبینه. یا اونها رو پس بزنه تا جلوی چشمش نباشن. کاش یه صندوقچه بود که ادم میتونست چیزهایی رو که نمیخواد و دوست نداره ؛ بزاره توش و درشو ببنده. و یه قفل بزنه بهش تا نتونن دوباره سر راهش سبز بشن. یا اینکه چشماشو ببنده و به یه جای دیگه و زمان دیگه فکر کنه. همه یه پارادایز زیبا و دوست داشتنی تو پستوی ذهنشون دارن که ساعتهایی بیقراریشون رو تو شهر ارزوهاشون سپری کنن.

چقدر واقعیت های سخت و بد و زشت زندگیمون گاهی وقتا زیاد میشن. و سایه وار دنبالتن. واقعیت اینکه الان توی تحریمیم ؛ و اقای ترامپ تهدید کرده و اصلا شوخی نمیکنه.؛ و دلار سوار یه فضا پیما شده و ریال داره پنچری دو

اومدم یاد توافتادم.یه وقتایی که بیخودی خودتو به درو دیوار قفس میکوبونی.یا اون روزی که گربه سیاهه اومده بود طرفه قفست و بدجور ترسیده بودی. تا چن روز صدات در نمیاومد. .میدونی چیکار کرد؟؟

: : چند تا نامه پرت کرد رو میزشو گفت. این روزنامه ها باید تعطیل شن. البته بدون حکم و امضاا. تو که اشنایی داری با این جور حکم ها؟؟؟نه؟؟؟

اومدم از دفترش بیرون. گفتم ای داد بیداد دنیا میچرخه.سینه مو سپر کردم ودستامو دادم عقب و داد زدم دنیاا بچرخ تا بچرخیم. اونوخت چرخیدم و رفتم تو دل جمعیت کوچه و خیابون.

- مرد رفت سمت قفس. ارام بلندش کرد و روزنامه زیر ان را تمیز کرد. مینا لحضه ای چشمانش را گشود و به مرد نگریست.

: تا چند وقته دیگه میریم یه جای دنج ویه جایی که هیشکی پیدامون نکنه. یه جفت خوبم برات پیدا میکنم. اخه باید شوور بالا سرت باشه. خدا رو چه دیدی.شاید یه جفت خوبم واسه خودم پیدا کردم.

انگارافتاب خسته شده بود از اینهمه تابیدن. و نورش کمرنگ و کمرنگ تر شددر ان ظهرگرم تابستان . .....واز اسمان رفت

پایان

میزدند.دست و پام میلرزید بد جور کرخ شده بود وچه نقشه ها که برا خودمون نکشیده بودم. با خودم گفتم ای داد بیداد دیدی همه چی از دست رفت.

- ودستش را به جهتی راند

: معلوم نبود چه بلایی سرم بیاره.البت که میتونست. قد و قوارش بزرگ شده بود.از منم هیچ کاری بر نمیاومد.راحت سرم رو زیر اب میکرد وبدون ابنکه یه موج کوچیکم ورداره. فقط دلواپس تو بودم که بی اب و دونه تلف میشی.

: پرسید منو میشناسی. دیدم حاشا فایده نداره. من ومنی کردم و گفتم بعله.

سیگارشو از تو جیب بغل کتش دراورد و پرسید.اون روزا رو که فراموش نکردی؟و نیم رخش رو بهم کرده بود و دود سیگارشو توی هوا پخش میکرد.

گفتم البته میدونید که ما مامور بودیم و همه رقمه معذور.حکم داشتیم. سر خود هیچ کاری نکردیم.

- در همین حال صدای برخورد شدید جسمی و بعد صدای فریاد کودک همسایه به دنبال ان صدای فریاد زن همسایه حیاط را پر کرد وخواب از چشمان مینا پرید.مرد جا خورد و رویش را به سمت خانه همسایه برگرداند.وبا عصبانیت گفت

مادرسگا انگار خواب ندارن....

- صدای کودک خیلی زود خاموش شد. مرد بعد از مکث کوتاهی گفت. دیروز تو اون حال و هوای بد و گرفتاریا و دست وپای کرخ و چشای از حدقه در

همش اراجیف ازادی و مطبوعات ازاد و.....چه میدونم این جفنگیات بود.اینو میگم چون خودم دفترشو دیده بودم. اخه باید میرفتیم دفتر روزنامشو بهم میریختیم. بش نیگاه کردم و گفتم اخه بدبخت به چیت مینازی که با دولت در مییفتی. پول داری؟ که حتما نداری اگه نه سراغ روزنومه نمیرفتی.کس و کار درست و حسابی بدرد بخورم که حتما نداری وگرنه نمیگفتن بیایم اینجا رو بهم بریزیم. و یه بلایی بسرت بیاریم تا دیگه ازاین به بعد روزنومه رو وارونه دست بگیری.اخه پپه به چیت مینازی؟

: نیگام کرد و گفت. اما غیرت دارم چیزی که امثال شما ندارین. و زیر بار حرف زوور نمیرم.

: یه جوری کوبوندم تو گوشش که برق از گوشش پرید ممیدونم که بد جور دردش اومده بود. چون دستم سنگینه.اینو همه میگن. اما دست کشید جای کشیده و گفت سعی میکنم هیچ وقت این کشیده رو از یاد نبرم.منم گفتم اره ازیاد نبر. واسه هم ولایتی هاتم بتعریف.

مرد موج رادیو را عوض کرد و ادامه داد : کم که نبود علیه دولت و شخص اعلیحضرت بزرگ چیز نوشته بود.

: بابا چه میدونستم پدره میره وپسره میاد و این روزنومه چی پیزوری هم میشه وزیر.چشام عین وزق شده بود وقتی احضارم کرد دفترش.نمیتونسم نرم و نمیتونستم فراری شم. وگرنه حتما فرار میکردم. گفتم میرم مییفتم به پاشو بنای غلط کردن. وقتی چشم بش اوفتاد انگار با پنبه زنی بند بند وجودمو بند

رادیوشو که بچه ش خراب کرده بودن اووورده بود درست کنم ؛ بش گفتم خسته نشدی از ابکشی کردنای زنت ؟؟گفت اولا خیلی سختم بود. اما حالا عادت کردم.

: اره فک کنم راست میگفت ؛ اخه ادما عادت میکنن. به همه چی عادت میکنن. حتی به بد بختیاشونم عادت میکنن.مرد بدبخت تنا دلخوشیش رادیوشه که گوشش بچسبونه بش و بره تو دنیای خودش وبدبختیای دور و برشو نبینه.

: ادم صد سال تو غار تنا بمونه بیتر اینه عمرشو با همچی زنی سر کنه.من مطمعنم اگه عمو محمود این اکرم ابکشو میدید بلفور یه بلایی سرش میاوورد. اره حیف خانم که ببندن پشت اسمش. همون اکرم ابکش خوبه.یکی نیس بگه اخه ضعیفه جای این ابکش ابکش کردن خونتو تمیز کن. به جون خودم یه روز که رفته بودم خونشون واسه رادیو احمد اقا خونه عینه بازار شام. .. نه ؛ بازار شامم شرف داشت. فقط تا دلت بخاد ملفه رو بند پهن بود.اینجور ادما همینطورین؛ اصل ول میکنن فرعو میچسبن.اگه سر راه عمو محمود سبز میشد حتما یه بلایی سرش میاورد. من از اون با حوصله تر وخودمونیم یه کمم ترسوتر.

- مینا توی قفس چورت میزد با چشمان نیمه بازمیشی اش.

: سگ پدر حالا واسه خودش وزیری شده ؛ بیا و ببین چه دبدبه ای و کب کبه ای؟؟.انگار نه انگار چن سال پیش یه دفترروزنامه دوزاریی توی یه بالا خونه وسط شهر داشت و از مال دنیام هیچی نداشت به جز یه مخ خراب که توش

زنش. با اون چشای کور و پای چلاق هنوزم حکم میروند. به این نمیگن ابهت؟؟؟

: زن چیه !!!!!ادم با یه شغال هم کلوم بشه بعضه زنه.زنا همش میخان زر زر کنن. .البت دور از جون تو و خانم خوش صدای رادیو ی خودم. مثلا این اکرم خانم ؛ همسایه بغلی ؛ صداش همیشه خدا عین سور اسرافیل ادمو به رعشه میندازه.

- مرد چشمهاشو بست و دهانش رو باز کرد جیغ کوتاهی کشیدو صورتش را در هم کشید تا قیافه ی اکرم خانم بهتر نشان دهد.

: مجتبی پاهاتو بشور ؛ مصطفی دست توی دیگ رب گوجه نزنی هاااا!. مبادا با پاهای اب کش نشده تون رو قالی پا بزارین هااااا!.

: شیطونه میگه یه روز برم بچه هاشو وادار کنم رو قالیش بشاشن ؛ وادارش کنم رو قالی رو لیس بزنه ؛ بعد ام دستمو بزارم بیخه گلوش و نفسای اخرشو ببینم. بعد بینم میتونه دیگه امر و نهی کنه؟؟؟

- مرد بعد از گفتن این جمله خنده بلندی کرد و شکلکی در اورد و بیشتر خندید.

: وای خدا از دست این جماعت نسوان.

: بدبخت احمد اقا شووورش. چی کار میکنه با این زن ؟؟اصن خودم باید برم بهش یاد بدم چطوری سرزن رو زیر اب کنه تا از شرش راحت شه. یه بار

- صدای فریاد و بعد گریه ی کودکی شنیده شد و بعد صدای خواننده زن رادیو صدای گریه کودک را در خود فرو برد. و به اتاق جان تازه ای داد و به مرد جان تازه تری.

- چند لحظه با چشمان بسته به صدای خواننده زن گوش میداد و سرش را به ارامی مثل یک مست؛ مشنگ وشاد روی گهواره گردنش تکان میداد و زیر لب میخواند با خواننده. ارام و سنگین وموزون با نوای موسیقی. که مینا ی در قفس را هم وادار به گوش کردن و ساکت ماندن ؛ کرده بود. .

صدای موسیقی و صدای روح نواز خواننده زن تمام شد ولی هنوز نشعگی موسیقی وصدای خواننده در وجودش قلیان داشت.

: اگه این زن من میشد ؛ ؛ فقط واسه خودم میخاستمش تا فقط و فقط واسه خودم بخونه. مثث تو...و هر روزعین پروانه دورش میگشم.

- بعد رادیو را کم کرد و رفت گوشه اتاق و تکیه به رختخواب های چیده شده.نفسی تازه کرد و. ...

: داشتم از عمو محمود میگفتم.زن هم نگرفت. .لاقل نه تا وقتی که رو پاهاش راه میرفت و چشاش سوو داشت . فکر کنم بلاجبار زن گرفته بود تا زنش پاهاش بشند و چش بدون سوش.اگه نه از زن جماعت خوشش نمی اومد. تازه خودم با چشای خودم دیدم که چند بار گیوه هاش رو پرت کرد طرفه زنه. که چی؟کاسه ابش رو زود براش نیورده بود. عجیب اینکه شارق میخورد تو سر

دراورد و گوشه ای گذاشت و پیژامه راحتی اش را پوشید.و گرسنه و حریص نشست سر سفره.

- بعد از چند لقمه که گرسنگی اش کم شده بود. رو به پرنده گفت: عموم مالیات جمع کن بوده. اونوقتا که قجر اا روزگار مردمو سیاه کرده بودن. حتی پدر بزرگوار پیزوری منم ازش میترسید. بابام واسه اون پیزوری میشد. اگه نه واس خودش کسی بود. بیشر میترسید از اینکه نکنه منم یه روزی مث اون بشم واما من دوس داشتم که مث اون بشم. چون خوشم می اومد از جنمش ؛ از ابهتش ؛ از نترسیش.

- چند برگ ریحان گذاشت دهانش.وقطره ای روغن از انگشتش چکید توی سفره.

وقتی واسه جمع کردن مالیات میرسه به ده ه خودمون ؛ باباش رو که جده بزرگوار ااینجانب هم میشده ؛ چون نمیخاسته مالیات بده رو فلک میکنه ؛ جلو چشه همه.اونوخت همه اهالی ده حساب کار دستشون میاد که چی؟؟؟؟محمود تفنگ چی با هیشکی رودرواسی نداره.

- مرد بقایای املت توی بشقاب را با تکه ای نان پاک کرد و به دهان گذاشت سفره را تمییز و جمع کرد و گذاشت توی طاقچه. و بعد به سراغ رادیو رفت و پیچش را چرخاند.

: ببین امروزبرات چی چی اوردم!!و از توی کتش روزنامه ای دست پیچ شده دراورد. که تخمه های لای روزنامه بهم چسبیده بودند. در ان ظهر گرم تابستان. .تخمه ها را مغز میکرد یکی یکی وبه دهان پرنده میگداشت...

: قربون اون چشای خوشگلت بره با با !!که هر وقت نگات میکنم انگار تو چشای عمو محمود خدا بیامرز نگاه میکنم؛ بار اولی که توبازار دیدمت رنگ میشی چشات منو میخکوب کرد و نداشت قدم از قدم بردارم ؛ مث چشای عمو محمود ؛ اما خداییش چشای عمو محمود یه جذبه ای ام پشتش بود. یه جذبه ای که من تاحالا توچش هیشکی ندیدم. به خدا زیاد نیگاه کردم اما ندیدم. نه اینکه فک کنی فامیل پرستم و این نقل اااا....نه چشاش هار بودن انگار. انگار یه جورایی با چشاش امر میکرد ؛ نهی میکردوانگار ادمو برده خودش میکرد ؛ یه جورایی اینطوریاا بود ن چشاش. ...تا جایی که میدونم همه از صغیر و کبیر ازش واهمه داشتن

- مرد لیوان ابی برای خودش ریخت. بعد از سرکشیدن ان گفت : من برم تو مبطخ که داد شکمه در اومده.

- و از اتاق در امد و خزید توی مطبخ.و صدای اوازش حیاط را پر میکرد و تا توی اتاق شنا میکرد.

- خیلی زود با یک بشقاب املت زیبا ؛ تزیین شده با چند برگ ریحان وارد اتاق شد. زردهای تخم مرغ ؛ وسط حلقه های گوجه رنگ و لعاب خوبی داشت. سفره کوچکش را از توی طاقچه برداشت. پهن کرد وبا سلیقه مخصوص خودش؛ ؛ سفره ی به قول خودش اشرافی اش را چید..جورابهایش را از پا

- مرد توی ایوان که رسید یکراست رفت سراغ قفس.سرش را بلند کرد و گفت
: سلام خانم خوشگله خوبی؟

- و مینا انگار جان گرفته بود از این احوالپرسی.

: امروز که سرحالی؛ بابا؟چند ساعت که نمیبینمت دلم برات یه ذره میشه

- مرد نگاهش به قفس بود و مینا بیقرار مرد.

- پرهاش رو چند بار باز و بسته کرد به نشانه احترام شاید.

- مرد در اتاق را باز کرد ؛ قفس را از روی بند فلزی ازاد کرد و وارد اتاق شد که خنکی اش مطبوع بودو لذت بخش در ان گرمای ظهرتابستان

- شیشه چراغ فانوسی ابی رنگ توی طاقچه از تمیزی برق میزد. وگوشه اتاق میز کوچکی بود که خرت و پرت ها را حمل میکرد.چند دست رختخواب گوشه قالی لاکی رنگ دستباف طرح ترنج ؛ جمع و جور و مرتب ؛ لمیده بود و رادیویی که توی طاقچه تنها وسیله گران قیمت محسوب میشد.

- مرد روزنامه ای از توی طاقچه برداشت. روی قالی پهن کرد و قفس را روی ان گذاشت و از توی پارچ مسی توی ظرف مینا اب ریخت. پرنده خیلی زود سراغ اب رفت.

: تشنه بودی الناز من ؟نوشه جونت.

- وعاشقانه به مینایش نگاه میکرد.که سرش را مدام برای خوردن اب بالا و پایین میبرد.

میله ها توک میزد از فرط تشنگی یا خستگی شاید یا...و توی قفس مدام جابجا میشد.

- شاخه درخت همسایه توی حیاط سرک کشیده بود وسایه اش کف حیاط را فرش کرده بود.

- و سرو صدای گاه و بیگاه بچه ها و فریاد زنی که امر و نهی میکرد از خانه همسایه شنیده میشد و میپیچید توی حیاط........

قفل در باز شد. در حیاط با سرو صدا روی پاشنه چرخید ؛ و قیژ صدایش پیچید توی حیاط وبا گرمای حیاط هم سو شد. مینای زیبا انگار صدای اشنایی شنیده باشد ؛ توی قفس نا ارام شد.

- مرد وارد حیاط شد.کتش روی دستش و کفش هایش را میکشید کف حیاط تا طول حیاط را طی کرد.

- پنجاه سالگی را پشت سر گذاشته بود.اما خطوط صورتش بیشتر نشانش میداد.چهره ای نه چندان زیبا؛ موهای قهوه ای اما شانه زده ولباس تمیزو مرتب ؛ خال درشتی روی بینی سمت راست صورتش ؛ چشمانی تنگ و کشیده که نشان از تیز بینی اش ؛ ویک جای چاقوی قدیمی روی گونه سمت چپش که اریب ازکنار بینی کشیده شده بود تازیر گوش.و دیگر انگار شده بود جزیی از صورتش. و برایش نا زیبا نبود.

- مینا خودش را به در و دیوار قفس میکوباند. انگار قفس برایش تنگ شده بود و تحملش را دیگر نداشت

یک روز گرم تابستان

- آفتاب لم داده بود وسط اسمان.تنبل شده بود و حال حوصله جمع و جور کردن خودش را نداشت وهرم گرمایش کف حیاط را گرم کرده بود.

چند گلدان گل روی لبه حوض خودنمایی میکرد؛ و فواره کوچکی که زیبایی حوض ابی وسط حیاط را دو چندان کرده بود. افتاب گرم به عطر یاس چندان اجازه خودنمایی نمیداد اماکیف شمعدانیها کوک و روی شان گل انداخته بود ؛ زیباتر شده بودند و قرمزتر؛ مثل دخترکی ؛ نوجوان و تازه از حمام درامده؛ که گونه اش گل انداخته.

- حیاط تمیز بود و مرتب. به جز چند گلدان و بیلچه ای کنار باغچه کوچک وسط حیاط چیز دیگری دیده نمیشد.دو اتاق که با چند پله از حیاط جدا شده بود و درست روبروی در ورودی ساختمان قرار داشت و ایوانی که سایه ی کوتاهش مامنی بود شاید برای مینای مانده در قفس که گاه و بیگاه به

: : نمیدونم کی این ژاکتو اینجا گذاشته.چقدرم اردک هاش رو نامیزون بافته!!!!

پایان

: : خانم سهرابی بچه داره؟؟

: : اره مثل خیلی های دیگه که اینجان.یه پسر داره که خیلی دوسش داره اما میگه امکان نگهداری مادرموو ندارم. اما تقریباا هر هفته بهش سر میزنه. بعد بیست سال کار توی یه همچین جایی اینو مطمعن شدم که هیچ وقت نباید دیگرون رو قضاوت کرد. این پسر عاشقانه به مادرش میرسه اما بعد دو ساعت زن بیچاره حتی پسر خودشم نمیشناسه و میخاد از اتاق بیرونش کنه.اونم با داد و فریاد.

- خانم مرعشی نگاه و فکرش غمگین و به ابی اسمان نگاه کرد و آه عمیقی کشید

: : من برم شما هم زودتر به کا رهات برس و دستش را توی هوا تکان میداد و از پله ها پایین رفت.

صدای سرفه های های خانم سهرابی رو شنید. با سرعت رفت توی اتاق

- همانطور که سرفه میکرد گفت

: مادر؛ دلولپس وحیدم چیزی تنش کرده؟؟

و لحضه به لحضه سرفه هاش شدید تر میشد.

پرستار بافتنی را از دستش گرفت و روی میز قاب عکس ها گذاشت و لیوانی آب به زن خوراند. سرفه هایش کمی ارامتر شد. او را به طرف تخت برد

: : بهتره درازبکشید توی تخت تون خانم سهرابی

- زن روی تخت دراز کشید و همانطور که تک تک سرفه میکرد . گفت

:: چشم. و از پله ها پایین رفت

- خانم مرعشی به پرستار جوان گفت ::

یه سری کار ها هستن که روتین اند و هر روزه ؛ اما بعضی کارها بستگی به اوضاع مالی مرکز داره و شرایط جسمی سالمندا. مثل گردش های هفتگی یا پیک نیک و باقی کارها ؛ خیالت راحت روزای اول به نظرت سخت میاد ؛ اما بعد عادی میشه برات. با سالمندا هم اشنا میشی.

بعد نگاهی به ته حیاط کرد که باغبان مشغول جمع کردن شاخ و برگها بود و گفت : من برم به مشد رحمت یه سر بزنم. تازگیها یه کم حواس پرت شده. اون ماه اتیش سیگارشو انداخته بود تو انباری ؛ شانسی که اوردیم این بود که انباری رو تازه تمیز و خالی کرده بودیم. و خسارتی نزد..خودش میگه کم کم باید ساکن یکی از اتاقها بشم. آخه طفلک هیچ کسو نداره.

- به سمت پله ها رفت روی پله دوم بود که دوباره مطلبی به خاطر اورد.

:: خانم احمدی یه چیزی اینجا خیلی مهمه و اونم اینه ساکنین اینجا محبت ؛ رسیدگی؛ مراقبت احتیاج دارن اما سعی کن با هیچ کدومشون صمیمی نشی. یعنی وابستشون نشی. میدونم سخته اما واسه خودت میگم. پرستار قبلی ؛ خانم بایمانی با یکی از خانم های اینجا زیاد وابسته و صمیمی شده بود و اخطار های منم فایده نداشت وبعد از فوت اون خانم که خیلی تنها و واقعا دردناک مرد؛ افسردگی شدید گرفت و بعد یه مدت دیگه نتونست بیاد سر کار. البته ما هم بینصیب نموندیم یه پرستارکه کم بشه یعنی کلی کار که اضافه میشه.

- پرستار جوان پرسید: :

بزرگش بود وتزییناتش بنا به مد و سلیقه خودش ؛ یه سال ظروف سفالی ؛ یه سال ظروف بلور و. ...وشستن و برق انداختن در و دیوارو...و بوی تمیزی عید.

- به اصرار مادرش به کار بیرون کشیده شد. به خاطر اینکه دستش توی جیب خودش باشه. وحالا بیست روزی بود که مشغول کار بود و خودشش هم خیلی راضی بود از این اصرار مادر.حیاط ساختمان خیلی بزرگ بود. دور تا دور ساختمان ایوان بزرگ و پهنی بود که با دیوار کوتاهی از حیاط جدا میشد. همه اتاقها رو به حیاط بیرون پنجره داشت. پنجره های مشبک ؛ فلزی و سبز رنگ.

در یکی از اتاقها باز شد ؛ پرستار قوی بنیه و حدودا پنجاه ساله ای از اتاق بیرون امد. یک سالک روی بینی اش اولین چیزی بود که چشم بیننده را پر میکرد. چشمانی کشیده و مشکی و چند خط دور آن. شق و رق و محکم هیکل ورزیده اش را جابجا میکرد. و صدای محکم قدمهایش برای دیگر ساکنان ساختمان کاملا اشنا بود. مدیر داخلی مرکز. اچار فرانسه ؛ همه کاره و ازقدیمیها ی مرکز بود.

- تا از اتاق بیرون امد با صدای بلند رو کرد به نظافت کار ساختمان که مرد قوی هیکل و سیه چرده ای بود با یک سبد رخت چرک در دست؛ گفت

: : آقای حمیدی وایتکس کمتر بریزین روی لباسها ؛ زود سفید میشن.

: : چشم خانم مرعشی

- انگار دوباره چیزی یادش امده باشد گفت: :

اقای حمیدی اشپزه تازه کاره بهش گفتم ؛ اما شما هم یاداوری کن بهش

که غذا رو حتما کم نمک درست کنه

وه ه کاش امیر میاومد این صندلی رو درست میکرد صداش سرم رو برد

- و با ذلزدگی به صندلی نگاه کرد.

- پرستار وارد اتاق شد ؛ لیوان چای و شیرینی را روی میز گذاشت.

:: خانم سهرابی خوبین ؟؟

- به زن جوان نگاهی کرد و گفت : این صندلی خیلی صدا میده

و منتظر جواب نشد و شیرینی و چای را زود خورد.

- دور لبش را پاک کرد و گفت

:: اومدید خونه رو ببینید ؟؟به رویا گفتم هر وقت مشتری اومد خبرم کنه که سر و وضعمو مرتب کنم. مرد که باهاتون نیس

: نه خانم سهرابی راحت باشین.

- واز اتاق بیرون امد

- بیست وچهار بهار از زندگیش میگذشت. یک صورت کاملا معمولی داشت از ان صورتهایی که خیلی زود فراموش میکنی.صورت گندمگون موهای بلند قهوه ای که همیشه زیر روسری اش گره میزد چشمانی عسلی که شیرینی و گرمی اش احساس میشد در دل هر بیننده؛ هیکل متوسط و لاغر اندامی داشت و یک خال درشت قهوه ای روی مچ دست چپش؛ که به قول مادرش نشانه اش بود. رسم رسوم ها رو دوست داشت ؛ بخصوص سفره هفت سین؛ و همیشه دوست داشت همه کارهاش رو خودش انجام بده اونهم به نحو احسن و کامل.سفره هفت سین هر سالشون ترمه ابی سنگ دوزی شده یادگار مادر

: : واسه امیر نبافتم ؛ اونوقتا بعضی ها میرفتند کویت واسه کار. کار کم بود و مردمم دنبال یه لقمه نون بیشر بودن بابات هم یکیشون بود که رفت. با مادربزرگت توی یه خونه ذندگی میکردیم وهفت تا جاری. چه روزگاری بود اونوقتا کلی ادم توی یه خونه زندگی میکردیم با همم سازگار بودیم. یعنی اون روزا برمیگرده؟؟؟؟

زن دستش را از زیر چانه برداشت و ادامه داد

: : بابات واسه امیر یه کت قهوه ای اوررد.خیلی قشنگ بود و امیرم خیلی دوسش داشت اینقدری که شبا هم باهاش میخوابید. تو خواب با هزار مکافات از تنش در میاوردم. با اینکه کهنه و رنگ و رو رفته شده بود اما بازم دوسش داشت. .

- - نفسی تازه کرد و ادامه داد

: : ادمای کهنه ؛ ؛ لباسای کهنه ؛ اسباب و اثاثیه ی کهنه همیشه هم دور انداختنی نیستن. .هیچ وقت یادم نمیره امیر با چه عشقی به اون کت نگاه میکرد. اخرشم دور از چشمش دادمش به فقیر.تا یه مدت مرتب گریه میکرد و سراغشو میگرفت. مثل وقتی که از شیر گرفتمش.یعنی اینقدر وابستگی؟؟

- و چشمان زن نمناک شد. وساکت و خیره ماند چند لحضه ای ؛ گویی سوالی بیجواب داشت. بعد از چند لحضه سکوت ادامه داد.

: : یه پیرهن گلدرشت هم واسه من اوررد یقه اش گرد و پهن بود و پشتش هم زیپ میخورد ؛ یه ساسن کوچولو زیر بقلش گرفتم تا خوش فرم بشه. تو خیلی کوچیک بودی اونوقتا ؛ بابات نمیدونست چی برات بیاره یه لباس یه تیکه صورتی اورد که سه چهار ماه بعد تازه اندازت شد.

ابی کمرنگ ردیف و موزون پشت سر هم نشسته بودند و گاه و بیگاه قدمها یی چند از توی حیاط در رفت و امد بود و صدایش شنیده میشد.

: : مدرسه میرفتی که ژاکت خودتو بافتم ؛ زمینه اش قرمز بود و اردکاش زرد ؛ خیلی بهت میاومد. یادمه معلمت خیلی خوشش اومده بود ؛ گفته بود به مامانت بگو یه زحمت بکشه یه سر بیاد مدرسه یادمون بده؛ فکر کنم خانم سراج بود!!!تو یادت مونده؟؟ یا خانم حوویزاوی؟؟؟؟

زن بعد از لحظه ای مکث وفکر کردن در حالیکه با انگشت وسط روی پیشانی اش میکشید تا خاطرات گذشته را بیاد بیاورد ادامه داد.

نه خانم حوویزاوی که مادر زهرا خانم همسایمونه که پارسال لگنش شکست. همون خانم سراجع. .بلاخره رفتم مدرسه.

- از یاداوری خاطرات گذشته لبخندی روی لبش سرخورد. و اه کوتاهی که از سینه بیرون خزید.

: : وقتی رفتم دفتر مدرسه تون معلممتون اومد طرفم. معلمای دیگم اومدند انگار رییسی چیزی بودم ؛ با حوصله به همشون یاد دادم. اخرم بهشون گفتم حواسشون باشه ارد کا رو کوچیکتر یا بزرگتر نبافن باید با اندازه ژاکت جور در بیاد مثلا برا یه بچه بنج ساله ؛ اردک اش باید اندازه دو بند انگشت با شه نه کوچیکتر و نه بزرگتر وگرنه قشنگ نمیشه.

- زن دوباره از بافتن دست کشید. دستش را به دسته صندلی تکیه داد و زیر چانه هش گذاشت و سوار بر اسب ثانیه ها به سالهای شیرین گذشته اش بازگشت.

- زن نفس عمیقی کشید وهمانطور که از پنجره بیرون را نگاه میکرد؛ ادامه داد

: وقتی امیرو میبینم دلم روشن میشه ؛ انگار هر چی غمه از روی دلم برمیدارن ؛ بچه که بود وقتی سرشو میشستم موهای قهوه ایش حلقه حلقه میشد. حالا دیگه موهاش صاف شدن ؛ عین اونوقتا نیست دیگه.

- یک تلوزیون چهارده اینچ رنگی روی میز کوچک چوبی ؛ یخچال شش فوت سبز رنگ و تخت فلزی با روکش مخمل زرشکی وظیفه تزیین اتاق را به عهده داشتن. و یک میزچوبی مستطیل و کشیده پر از قاب عکس های رنگارنگ و قابهای جوروا‌جورکه هر کدامشان لحضه ای را ثبت کرده تا در خاطره ها همیشگی شوند.

- توی قاب بزرگ قهوه ای زن جوان و زیبایی با همسر و پسرشان که توپ رنگی در دستانش بود؛ به عکاس لبخند میزدند. قاب ابی رنگ زن و شوهری شیک و رسمی به دوربین خیره شده بودند.و چند قاب دیگر پسرک هشت ساله ای روی سرسره ؛ کنار قفس گوزنها در باغ وحش وروی قوی شناور در شهر بازی را نشان میداد.

زن هفتاد ساله به نظر میرسید.هنوز زیباییش زیر خطوط صورتش نمایان بود. چشمهای درشت قهوهای. موهای مجعد قهوهای که به طرز ماهرانه ای رنگ شده بود.بینی خوشفرمی که سور خورده بود روی لبهای باریک وو کشیده که زن عادتش شده بود گاه وبیگاه دستی دور لبهایش بکشد. و جملاتش و حرفهایش را با این عادت کامل میکرد.

ـ هر بار که رجی را میبافت میله های بافتنی اش به لبه صندلی میخورد و صدایش سکوت اتاق را خش میانداخت. اردکهای ابی سیر توی ژاکت بافتنی

تکه های گرم خیال

خودش را رها کرده بود روی لحضه های ابکی ؛ روی خاطرات پلاسیده و از ریخت افتاده گذشته که حالا مثل یک موج بیرمق که به ساحل برمیخورد و خورده ریزه های ذهنش را با خود به دریای بی پایان برده و همانجا بین ابهای عمیق و تیره رها میکند و کم کم لعابی از رنگ در منتهای خیالش جان میگیرد. او میخواست سوار این موج خیال شود گرچه میدانست دیگر جانی ندارد. میرفت تا دلتنگی ها و خستگی هایش را در هم اغوشی با خاطرات گرم گذشته از یاد ببرد.

: رویا مادر یه چایی دم کن بخوریم. مادر جون ؛ مرغها رو یه تفت بده ؛ گردوها رو هم حتما تفت بده فسنجون خوشرنگتر میشه.خدا بیامرزه اقات رو.جونش بود و فسنجون. با اینکه چربیش بالا رفته بود اما چاره ش نمیشد.وقتی اماده شد یه بشقاب ببر واسه زهرا خانم همسایه بغلی.ثواب داره میرسه به روحش.یه کم سوپ ام اماده کن واسه وحید که از مدرسه میاد.مادر امیر و زنش هم میان میدونی که؟؟غذا کم نباشه.قربون برم الهی مادر با زن امیرم کل کل نکن. به خاطر امیرم. بس که این پسر نجیب و مهربونه. دوست نداره هیچ کسو از دست خودش ناراحت کنه.

حسام نگاه شیرینی به راضیه و جوابش داد: نگفتی. بلوند یا شرابی؟؟؟

بعد گفت : اقا فرشته داره دنبال پیرهن سبزه اش میگرده کجاست؟؟

: روی میز اتو ه ه. و پرسید جایی میخای بری؟؟

: جایی بریم. نوبت دکتر داری ساعت هشت نوبتمونه. مگه یادت نیس؟؟ نیم ساعته باید اماده شی.زود چاییتو بخور و لباس بپوش!

- و از اتاق بیرون رفت.

راضیه صدای در کابینت را شنید که بهم خورد. عجیب بود که دیگر صدای سگ را نمیشنید

.... به لیوان چای نگاه کرد. .حس کرد چای لحضه به لحضه کمرنگ تر میشه.

پایان

- قدیمی ترین دوستش و هم کلاسی سالهای تحصیلش؛ توی یه ت**صاد**ف سخت سه سال پیش کشته شده بود ؛ شوهرش با کلی شکستگی و دخترش با چند زخم زنده موندند.اما ملیحه خیلی زود و سریع مرده بود.

- افکار؛ صحنه هاااا؛ ادمهاااا؛ و خاطرات گذشته و صدای سگ که به ناله تبدیل شده بود طوفانی در سرش بپا کرده بودند. در همین لحظه در اتاق باز شد. همسرش بود با سینی چای و ظرف دارو هاش.

: سرو صداتو شنیدم. با کی حرف میزدی؟

- حسام سینی را روی میز گذاشت.

چای نبات با زعفرون همونطور که دوست داری!!!

- به صورت همسرش نگاه کرد. بنظرش اومد که همسرش خیلی پیر شده. . وخطوط صورتش انگار زیاد شده بودند.

: حسام سفیدی موهات زیاد شدن یا من بنظرم میاد؟؟ ببخش عزیزم این داروها بعضی وقتا گیجم میکنن.

: عیبی نداره همیشگی نیستن این داروها.اما فکر کنم دیگه باید کم کم رنگ موهاتو قرض بگیرم.شرابی خوبه؟یا بلوند؟ و خندید.

- راضیه نگاه عمیقی به شوهرش کرد. و لحظه ای خاطرات شاد و شیرین گذشته با همسرش پیش چشمش امد. و گفت

: حسام تو فرشته ای؟؟ راستشو بگو وقول میدم به کسی نگم. من فکر نمیکنم تو انسان باشی.!!! عزیز دلم . ... و ارام گونه همسرش را بوسه زد.

: نمیدونم فیلسوف ها دیوونه میشن یا دیوونه ها فیلسوفن. بحر حال حرف هیچ کدومشون رونمیشه فهمید.

: بعضی وقتا مث اینکه به روزای زندگی برق وصل کردن.با سرعت رد میشن. و اون بیخبر از. ...

راضیه گفت : خدا به داد خونوادش برسه. چه میکشن اونهاااااا!

- و در ذهنش تصویری را برای صورتی که ملیحه میگفت؛ جستجو میکرد. اما فایده نداشت و شاید زوزه نابهنگام سگ نمیگذاشت فکرش را جمع کند.

: از کی حرف میزنی ملیحه؛ جون به سرم کردی.!!

- صدای پشت سیم ضعیف میشد ولی او همچنان حرف میزد.

: روزای اخردیگه مسکن ها هم کاری نیستن و...

- کلمات اخر را به زحمت میشنید. انگار صدایش از ته چاه میامدد. صدایش تبدیل به زمزمه شد. گنگ و نامفهوم؛ انگار از فاصله ی دوری حرف میزد. فاصله ای به اندازه ی یک د ن ی ا ا ا!!

- تا اینکه فریادش در مقابل سکوت او قرار گرفت و دیگر هیچ نشنید

- با عصبانیت گوشی را گذاشت. هنوز کسل خواب بود. بی اراده کتاب جلوی رویش را ورق زد. دور چند کلمه با ماژیک سبز خط کشیده بود. لحضه ای چشمش دور کلمات میچرخید. اما حواسش به ملیحه بود. بیکباره جرقه ای ذهن تاریکش را از لای ورقهای کتاب ؛ کلمات بیرون کشید.

ملیحه که مرده!!!!

- راضیه صدای سگی را از بیرون شنید که بدجور زوزه میکشید. حواسش لحظه ای رفت سمت صدای سگ.سعی کرد دوباره به حرفهای ملیحه گوش دهد.

: کی رو میگی ملی؟؟

- گاهی وقتا به ملیحه میگفت ملی.یه وقتاییکه بیحوصله بود؛ یا بیقرار؛ یا خیلی احساس تنهایی میکرد.

: شوهرش گفته میدونم با این روحیه ی حساسش داغون میشه و بی انگیزه؛ ندونه خیلی بهتره؛ اما من فکر میکنم اصلا درست نیس

- راضیه خودش رو جمع و جور کرد وگفت : ملی عین گوینده اخبار هی ور ور میکنی.یه سگم تو کوچه مون مدام سرو صدا میکنه. نمیدونم به حرف تو گوش کنم.یا صدای سگه؟؟

و خندید !!!

ملیحه جواب داد: ادما کارای نیمه تموم زیاد دارن. خیلی کارا. خیلی حرفهای نگفته.که ناتموم رهاشون میکنیم واسه فرداها!! اما یه فرداهایی هست که تو بطن امروز سقط میشن میمیرن. و هیچ وقت بدنیا نمیان. اگه فردایی نبود چی؟؟؟ حرفهای نگفته. کارای نیمه تموم و نمیدونم کلی حسرت برای بعدش..امان از این حسرت !!!! چقدر بدم میاد از این حسرت.. انگار ادم سوار یه ماشن میشه و با سرعت میره و یکدفعه میخوره به یه دیوار سخت. حسرت یه همچین حالی داره. یه دیوار سخت و یه تن و بدن له شده زیر بار این حسرت...

: فیلسوف شدی ملیحه یا خل و چل؟؟؟

- وخندید

: خوشحالم کردی زنگ زدی.

- هنوزفکر و جسم وحسش کاملا خنثی بود.

: بعد از یه خواب سنگین بیداری خیلی سخته. انگار هنوز گیجی. اما کم کم عادت میکنی.

- راضیه کمی سر جایش جابجا شد

: دختر کوچولوت خوبه؟ شوهرت چطوره؟ عجیبه یادم نیس بار اخر کی شوهرتو دیدم؟

: هردوشون خوبن.یه وقتایی دخترم بیقراره. اما همه یه وقتایی بیقرار میشن. بگذریم؛ میدونی مریض شده.چند وقته و خودشم اصلاخبر نداره.

: کی ملیحه؟ شوهرت؟

: نه

: واااای! خدا نگوو بچه ات؟؟

: نه دیوونه.اونا خوبن

: بدتر از همه اینه که دکترا هم گفتن زیاد وقت نداره اما اااا.....

میدونی مریضیها زیاد نشدن ؛ اما ادمای مریض زیاد شدن؛ و این طفلکی هم اضافه شده به خیل ادمای مریض که کم هم نیستن

- وقتی به ننه جانش گفت. مادر بزرگش روی دستهاش زد و گفت. ننه به هیشکی نگوو اگه نه کسی نمیسوندت. و اوخندیده بود به دلواپسیهای ننه جانش

- گوشی را برداشت چرا!؟ نمیدانست.

سلام راضیه. خوبی؟؟ ملیحه ام

- خسته و خواب الودی گفت : سلام.خوبم

- مکثی کرد و ادامه داد

: تو چطوری؟

- نیم خیز شد.و به دیوار تکیه داد. بالش پشت سرش را جابجا کرد. و موهایش را از روی صورتش کنار زد.همانطور که یک دستش به گوشی بود.

: حالت چطوره؟چه عجب !یادی از ما کردی!خیلی وقته خبری ازت ندارم بیوفا کجایی؟

- پلک هاش هنوز سبک نشده بود ند

: من خوبم. خواب بودی!! بیدارت کردم ببخش.

: مهم نیس دیگه باید بیدار میشدم.

- ساعت دیواری را نمیدید چون درست بالاس سرش بود

: ساعت چنده ملیحه؟ بالا سرمه حال ندارم سرمو بچرخونم

: ای تنبل !ساعتو میخای چیکار. بیست و پنجه

میپیچید توی گوشش و تا مغز استخوانش پیش میرفت. هنوز زنگ میزد انگار قرار بود تا ابد زنگ بزن

- چشم بسته دست کشید تا بلکه دوشاخه را بیرون بکشد و راحت بخوابد. اتاق نیمه تاریک بود و پرده ها کشیده.مغز مانده بود بین صبح و عصر کدام را انتخاب کند

- نور کمرنگ بیرون جلوه ی نقش برجسته پرده کرم رنگ وتابلوی نقاشی روی دیوار که دخترک روستایی گوسفندانش را میچراند را بیشتر کرده بود

- بعد از نفس تنگی هاش کم کم صورتش هم کبود میشد و این خونوادش رو خیلی نگران کرده بود.بعد از اینکه کلی پله های مطب پزشک های مختلف رو بالا و پایین رفتند و هر کدام نسخه ای پیچیدند. تشخیص برونشیت از همه محتمل تر و قطعی تر بود.که میبایست یه مدت تحت درمان باشه.

- از اسمش خوشش اومد و اون رو با لذت تکرار میکرد. برونشیت برونشیت. به هر کدام از اهل فامیل و دوستاش که میرسید میگفت من برونشیت گرفتم.

-ملیحه دوستش میگفت: خاک تو سرت ؛ جوری میگی برونشیت گرفتم انگار مدال طلا گرفتی ؛ دیوونه مریض شدی.

: اره اما اسمش قشنگه؛ خوبه که ادم اسم مریضیش قشنگ باشه؛ مثلا اگه اسهال خونی میگرفتم؛ واای ادم اووقش میگیره ؛ اما برونشیت یه جورایی قشتگه؛ انگار توی یه حوله نرم پیچیدن و دادن دستت ؛ ملیحه گفت: هیچ وقت عاقل نمیشی تو دختر!!!

زنگ تلفن

- صدای تیز و کشدار تلفن را بین خواب و بیداری شنید. چیزی جز تاریکی نمیدید. دلش نمیخواست از جای خودش بلند شود تمام تنش درد میکرد و کوفته بود.

--- کودکی ده ساله بودم نرم و نازک چست و جابک

- چقدر ده سالگی خودش رو دوست داشت با یک پیرهن زرد چهارخونه که باباش واسش خریده بود

--- میپریدم از سر جوی با دو پای کودکانه

- پرید و ناگهان افتاد. چشمهاش سیاهی رفت و نفسش گرفت

- دوباره زنگ زد سه باره چهار و پنج. کمی غلت خورد تا شاید قطع شود فایده نداشت. انگار در مغزش ناقوس مینواختند.دنگ دنگ و صدایش

فهرست:

زنگ تلفن ۷

تکه های گرم خیال ۱۵

یک روز گرم تابستان ۲۵

تولد پنجاه سالگیم ۳۷

Ringing of phone ۴۰

۵

عنوان کتاب: تکه های گرم خیال
نام نویسنده: فرزانه ابراهیمیان
ویراستار: مهران ابراهیمیان
طرح روی جلد. محمد ابراهیمیان
ناشر: هنر برتر (سوپریم آرت، آمریکا)
شابک: ۹۷۸-۱۹۴۲۹۱۲۴۲۲

کلیه حقوق مادی و معنوی این اثر برای نویسنده محفوظ است.

تکه های گرم خیال

فرزانه ابراهیمیان